# CATALOGUE

D'UNE COLLECTION

## DE TABLEAUX,

GRAVURES, BRONZES, PENDULES

ET AUTRES OBJETS DE CURIOSITÉS.

---

LA VENTE S'EN FERA AUX ENCHÈRES
**LE LUNDI 26 MARS ET JOURS SUIVANTS,**
RUE J.-J. ROUSSEAU, n° 7, VIS-A-VIS LA VIELLEUSE.

---

**Deux jours avant la Vente**
IL Y AURA EXPOSITION PUBLIQUE, LES SAMEDI 24 ET DIMANCHE 25,
AU MÊME LOCAL, DE MIDI A 4 HEURES.

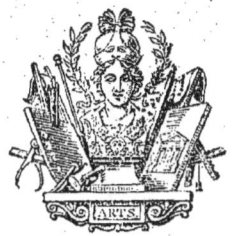

## NANTES.

IMPRIMERIE DE W. BUSSEUIL ET COMP.

1832.

# CATALOGUE

D'UNE COLLECTION

# DE TABLEAUX,

GRAVURES, BRONZES, PENDULES

ET AUTRES OBJETS DE CURIOSITÉS.

LA VENTE S'EN FERA AUX ENCHÈRES
**LE LUNDI 26 MARS ET JOURS SUIVANTS,**
RUE J.-J. ROUSSEAU, N° 7, VIS-A-VIS LA VIELLEUSE.

*Deux jours avant la Vente*
IL AURA EXPOSITION PUBLIQUE, LES SAMEDI 24 ET DIMANCHE 25,
AU MÊME LOCAL, DE MIDI A 4 HEURES.

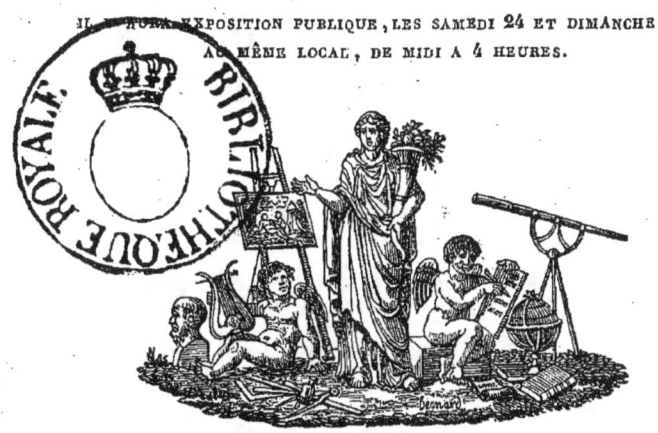

## NANTES.
IMPRIMERIE DE W. BUSSEUIL ET COMP.

1832.

# Explication

## DES ABRÉVIATIONS.

Les lettres : B., T., C., signifient, *Bois*, *Toile*, *Cuivre*.
H . . . . . . . . . . *Hauteur*.
L. . . . . . . . . . . *Largeur*.
p., l. . . . . . . . . *pouce*, *ligne*.
F. O. . . . . . . . . *Forme ovale*.

*Nota.* Les grandeurs sont prises en dedans des bordures.

# CATALOGUE

D'UNE COLLECTION

# DE TABLEAUX

DE DIVERSES ÉCOLES.

### GUIDE (Reni, dit le).

1. L'enfant Jésus endormi sur la croix; une draperie bleue sur laquelle repose l'enfant, fait ressortir la carnation qui en est admirable. Ce tableau, quoique du dernier temps du Guide, a fait l'admiration des amateurs, pendant l'espace d'un demi-siècle, au palais Pitti, à Gênes, où il était encore en 1829.

T. H. 24 p., L. 31 p. 6 l.

### BLOCLANT (G. V.)

2. Au milieu d'une guirlande de fleurs, est un camaïeu représentant une Sainte-Famille, peinte du plus beau style de l'école Italienne. Saint Joseph apporte des fleurs à l'enfant Jésus auprès de son auguste mère. La fraîcheur des fleurs, le brillant coloris et la pureté du dessin égalent les plus belles productions du célèbre Van Huysum.

T. H. 41 p., L. 36 p.

### HOBBEMA (Minder).

3. Sur la lisière d'un bois, on voit à droite du tableau et sur le second plan, un pâtre qui garde des

moutons; sur le devant, des rochers desquels s'échappe un torrent; dans le fond, un champ de blés, et l'horizon bordé d'une chaîne de montagnes. La réputation de cet habile artiste est reconnue de l'Europe entière pour le plus fidèle observateur de tous les phénomènes de l'air et de la lumière. Le choix, le goût, l'exécution et le coloris, toutes ces qualités aussi solides que brillantes, élèvent Hobbema au rang et quelquefois au dessus des plus habiles paysagistes. L'exécution d'Hobbema est pleine d'art; elle est soignée, mais elle est large, et le sentiment y a encore plus de part que la patience. Il n'y a point de tableaux médiocres de ce savant peintre, et celui que nous offrons aux regards des amateurs est une de ses plus belles pages.

B. L. 32 p., H. 25 p.

## ORLEY (Bernard).

4. Sainte Magdeleine. La sainte est représentée debout, presque de face et vue à mi-corps. Élève de Raphaël, Van Orley rappelle dans ce tableau la belle manière de son école et la finesse du ton flamand. Ce tableau est remarquable par sa fraîcheur et sa parfaite conservation.

T. H. 34 p., L. 29 p.

## WEENINX.

5. Un coq blanc pendu par une patte et soutenu sur une table de marbre, sur laquelle est une perdrix et divers ustensiles de chasse. Ce tableau d'une finesse rare et d'un coloris suave, ne laisse rien à

désirer, et peut entrer en comparaison avec les meilleurs ouvrages de cet excellent artiste, dont les productions sont très-recherchées des curieux.

T. H. 32 p., L. 27 p.

## DESPORTES.

6. Lièvre, perdrix, oiseaux de divers espèces, fruits, raisins, pêches, abricots, prunes : le tout groupé d'une manière extrêmement gracieuse. Ce tableau qui est d'une couleur enchanteresse, fut peint dans le meilleur temps du maître.

T. H. 38 p., L. 31 p.

## VAN OSTADE (Adrien).

7. A la porte d'une maison, un marchand colporteur fait ses offres à une femme qui est appuyée sur cette porte ; une petite fille auprès semble écouter la conversation. Composition de cinq figures. Nous laissons le tableau faire son éloge lui-même, on connaît la rareté des ouvrages de ce maître, et c'est un de ces beaux.

B. H. 15 p. 6 l., L. 13 p.

## DE HEEM (J. David).

8. Dans un vase de cristal, un bouquet de fleurs est artistement composé de roses et de tulipes ; sur une draperie bleue est une montre d'argent ouverte. Ce tableau ne laisse rien à désirer sous le rapport de la couleur et du dessin.

B. H. 22 p., L. 17 p. 6 l.

## LEBRUN (C).

9. Le mariage de sainte Catherine. Dans un charmant paysage, auprès d'un monument antique est la Vierge tenant sur ses genoux l'enfant Jésus qui présente l'anneau nuptial à sainte Catherine ; derrière, saint Joseph appuyé sur le tronçon d'une colonne, regarde d'un air attentif le céleste Enfant ; divers groupes d'Anges folâtrent dans les airs et d'autres jouent de divers instruments.

T. H. 27 p., L. 22 p.

## PHILIPPE DE CHAMPAGNE.

10. La Visitation de la Vierge, figure de trois-quarts de nature, vue à mi-corps ; draperies larges, noblesse dans les airs de tête, coloris mâle et vigoureux.

T. L. 36 p., H. 29 p.

## ROESTRAETEN (N).

11. Un plat en porcelaine du japon, dans lequel est une orange et un citron ; derrière, une bouteille de cuir ; à droite du tableau, un verre en cristal, un morceau de pain, une huître ouverte : le tout repose sur une table en pierre sur laquelle est un tapis vert à franges. Le précieux fini de ce maître rend ses ouvrages extrêment rares, et celui que nous offrons aux amateurs est digne de figurer dans les plus belles collections.

T. H. 26 p., L. 21.

## LENAIN.

12. Dans l'intérieur d'une cuisine, une cuisinière est endormie les mains sous son tablier. Un jeune

homme d'environ quatorze ans, la main gauche appuyée sur une bouteille d'osier, et de l'autre montrant la femme, semble vouloir profiter de son sommeil pour boire. La bouteille ainsi que des plats d'étain et un linge sont sur un tonneau, au bas duquel se trouvent un chaudron, une fontaine et divers ustensiles de cuisine. Ce tableau d'une touche ferme, a été peint dans le bon temps du maître.

T. L. 21 p., H. 18 p. 6 l.

## VANDENVELDE (SIGNÉ VV<sup>m</sup>).

13. Marine. Par une mer calme plusieurs bâtiments hollandais sont à sécher leurs voiles. Un bateau de pêche, tout près du rivage, semble attendre la marée pour se remettre à flot : plusieurs pêcheurs sont auprès; l'un semble draguer des huîtres avec un rateau, un autre tient un panier pour les recevoir. Plus loin, sur la gauche, un canot appartenant à un vaisseau de guerre qui est vis-à-vis. Les matelots qui sont dedans et autour du canot, paraissent avoir fini leur provision d'huîtres et attendre le flot pour retourner à bord. A droite l'on voit l'entrée du port de Flessingue, d'où sort une quantité de navires et d'embarcations. Ce charmant tableau plein de vérité et de finesse, est une des plus belles productions sorties du pinceau de l'inimitable Vandenvelde, et ne laisse rien à désirer : sa fraîcheur et sa parfaite conservation le rendent encore plus précieux ; il a été vendu une très-forte somme à Paris, en 1816, à la vente du cabinet d'un prince.

B. L. 22 p., H. 14 p. 6 l.

## DU MÊME.

14. Marine. Par un temps gris, bonne brise, on voit plusieurs navires à la voile. Sur la droite une barque remplie de matelots qui manœuvrent pour virer de bord.

T. L. 29., H. 21 p.

## DU MÊME.

15. Marine. Plusieurs bâtiments à la voile par un gros temps. Ce petit échantillon du maître mérite de fixer les regards des amateurs par sa belle exécution.

B. H. 11 p. 6 l., L. 10 p.

## ZEEMAN.

16. Marine. Par une bonne brise, un navire maltais cingle au plus près. Sur le premier plan une barque dans laquelle sont deux pêcheurs occupés à draguer.

B. H. 16 p., L. 21. p.

## LANTARA.

17. Clair de lune. Sur les bords d'une rivière plusieurs personnages sont occupés à la pêche ; sur le second plan, un navire amarré à terre ; à droite et à gauche, divers monuments qui font présumer les environs d'une ville maritime. Tableau d'une touche spirituelle et d'un effet piquant.

T. L. 15 p., H. 13 p.

## SCALKEN (Godefroy.)

18. Buste de la Mère-de-Douleur, les regards fixés sur la croix du Sauveur du monde. Ce tableau a tou-

jours été attribué à Rembrandt : nous pouvons sans crainte l'attribuer à Scalken, et un de ces beaux ouvrages.

T. H. 25 p., L. 22 p.

## MIREVELT.

19. Portrait d'homme vêtu de noir, une fraise blanche, barbe grise, front chauve. On prétend que ce portrait est celui du bourguemestre de Leyde, parent de l'artiste. Ce tableau tiendrait un rang distingué dans un musée.

B. H. 26 p., L. 21 p.

## CORRÈGE (ATTRIBUÉ A ANTOINE).

20. Sainte Magdeleine vue à mi-corps, les deux mains croisées sur la poitrine. Nous ne craindrions pas de garantir ce superbe tableau, si nous n'en avions pas vu deux semblables en tout point dans les belles galeries de Florence et de Brunswick. Celui que nous possédons ne leur cède en rien pour la grâce du pinceau, le flou et le moëlleux qui sont poussés aux dernier point dans cette charmante tête. Il existe une copie de cet admirable ouvrage au musée de la ville d'Angers, qui est bien loin d'avoir le mérite de celui que nous offrons aux regards des amateurs.

T. H. 21 p., L. 17.

## SALVATOR ROSA.

21. Paysage. Pan et Sirinx. Les figures de ce tableau sont d'un grand caractère, surtout celle du Satyre qui est peut-être supérieure aux figures du Carrache.

T. L. 24 p., H. 18 p.

## DROUAIS PÈRE.

**22.** Portraits de la duchesse d'Angoulême et du dauphin Louis XVII, en bas âge. La petite duchesse tient une cage ouverte, et son frère un petit serin sur la main droite. L'auteur de ce tableau était premier peintre du roi.

T. L. 29 p., H. 24 p.

## THYS ( GISBRECHT. )

**23.** Marche d'animaux à la nuit tombante ; tableau d'une couleur vigoureuse et d'une touche ferme et hardie.

T. L. 23 p., H. 17 p. 1|2.

## LOTTI ( LORENZO ).

**24.** Tête de saint Michel, dans l'action où ce saint terrasse le démon. Le goût et la couleur rappellent dans ce tableau la belle manière du Guide, dont Lotti fut l'élève.

T. H. 23 p., L. 16 p.

## SWANEVELT (HERMAN),
### (DIT HERMAN D'ITALIE).

**25.** Un riche paysage, dont la droite est occupée par un groupe d'arbres aux pieds desquels coule une rivière qui paraît faire le tour d'un monument antique. Un paysan, portant un paquet au bout d'un bâton, passe sur un pont. A droite, sont deux paysans, dont l'un est monté sur un âne ; ils semblent tenir une conversation, et un chien est près d'eux. Dans le fonds, un lointain garni de montagnes qui se détachent sur un ciel chaud et vaporeux. Ce tableau agréable et de la plus belle exécution, nous présente un des chef-d'œuvres de ce bon maître.

T. L. 27 p., H. 18 p.

### BIZETTE.

26. Saint Luc peignant la Vierge. Le saint contemple la Vierge tenant l'enfant Jésus; plusieurs groupes d'Anges composent le fond de ce charmant tableau. Le dessin, la couleur, tout dans cet ouvrage justifie l'éloge que Descamp fait de cet artiste, dans sa Vie des peintres.

T. L. 20 p., H. 16 p.

### MARATTE (CARLO).

27. L'Apothéose de sainte Thérèse. La sainte est vue de face, les deux mains croisées sur la poitrine, et enlevée sur des nuages par deux Anges. Nous recommandons ce tableau aux amateurs; il est digne de fixer leurs regards.

B. H. 19 p. 6 l., L. 14 p.

### PERRIER (F).

28. Des groupes d'Amours folâtrant forment des guirlandes de fleurs pour en orner le buste d'Anacréon.

T. L. 28 p., H. 17 p.

### LUCAS DE LEYDE.

29. Jésus parmi les Docteurs, composition de sept figures. Ce tableau peint dans l'enfance de la peinture, est remarquable par sa conservation et par la beauté du coloris.

B. H. 14 p., L. 15 p.

## DU MÊME.

30. Le pendant du précédent, représentant la Visitation de la Vierge. Même fraîcheur et même conservation.

B. H. 14 p., L. 15 p.

## SCOOLZ (D.).

31. Deux paysages d'un ton de couleur chaud et d'un beau faire; ils rappellent la belle manière de Booth.

F. O. — T. H. 20 p., L. 17 p.

## MAITRE INCONNU.

32. Paysage historique d'un beau style.

T. L. 16 p., H. 12 p.

## VERNET (D'APRÈS JOSEPH).

33. Vue d'un naufrage.

T. L. 15 p., H. 12 p.

## JEANSON.

34. Pâturages. Des animaux paissent dans une belle prairie; à gauche du tableau, auprès d'un saule, une groupe de bœufs et de moutons, peints avec une extrême finesse, rendent ce tableau très-piquant. On voit que le peintre à cherché la manière de Paul Potter.

B. L. 18 p., H. 14 p.

## DEMARNE.

35. Un charmant paysage d'une vue prise dans les Alpes. Sur le devant, un berger et une bergère

gardant leurs troupeaux, semblent tenir une conversation, dont un agneau que montre la bergère, paraît être le sujet.

B. L. 22 p., H. 16 p. 6 l.

### GREUZE (Jean-Baptiste).

36. Tête d'une femme aveugle. Il est facile de distinguer dans ce tableau la touche délicate et suave de Greuze.

T. H. 14 p., L. 12 p.

### VANDER MEULEN.

37. Choc de cavalerie. Deux cavaliers, dont l'un renversé de dessus son cheval, reçoit de son adversaire un coup de pistolet à bout portant. Tableau d'un beau faire et d'une belle couleur.

T. L. 21 p., H. 16 p.

### ZUCARELLY.

38. Paysage. Deux pâtres font baigner leur troupeaux dans une marre, près d'une chaumière.

T. L. 35 p., H. 26 p.

### SVVAGERS.

39. Paysage. Sur les bords d'une rivière, garnie de navires, sont des bœufs et des moutons dans un gras pâturage; divers figures ornent ce charmant tableau.

T. L. 28 p., H. 23 p.

### DU MÊME.

40. Le pendant du précédent. Ces deux tableaux

d'un coloris éclatant, peuvent garnir deux panneaux d'un grand salon.

T. L. 28 p., H. 23 p.

## MARIN.

41. Portrait de Napoléon, vu de face, d'après David.

T. H. 24 p., L. 21 p.

## M. TESTÉ.

42. Portrait de S. M. Louis-Philippe, roi des Français.

T. H. 29 p., L. 23 p.

## BREEMBERG (BARTHOLOMÉ).

43. Paysage représentant une ruine sur le penchant d'une colline. Des figures et des animaux d'une grande finesse donnent à ce tableau une considération particulière.

B. L. 13 p. 6 l., H. 11 p.

## TERREBURG (GÉRARD).

44. Portrait d'homme vêtu de noir, la main droite appuyée sur la poitrine. Ce portrait se recommande aux amateurs par sa beauté et sa rareté.

B. H. 12 p., L. 11 p.

## BRAKEMBURG.

45. Une femme près du feu fait chauffer un linge qui paraît destiné à un enfant au maillot. Quatre figures ornent ce charmant tableau.

B. H. 8 p., L. 7 p. 6 l.

## BOOTH D'ITALIE.

46. Par un soleil brûlant, un troupeau précédé d'un joueur de flûte sort d'une forêt; il est suivi d'une femme montée sur un mulet chargé de légumes, elle semble converser avec deux hommes. Sur la droite est un petit garçon portant un panier; il est accompagné d'une petite fille et suivi de trois chiens. Les figures de ce tableau ont toujours été attribuées à Tenier.

T. L. 21 p., H. 18 p.

## PALAMÈDE.

47. Choc de cavaliers Espagnols. Le fracas et et l'action de ce tableau, joints à sa couleur, le rendent un des meilleurs de ce maître.

B. L. 14 p., H. 11 p.

## LORRAIN (ATTRIBUÉ A CLAUDE).

48. Paysage montagneux. Sur une des montagnes est bâtie une forteresse; à droite, un massif d'arbres; sur le devant, des chèvres, et un chasseur qui tue un oiseau. Le feuillé et la finesse de ce tableau rappellent la belle manière du Lorrain.

T. L. 14 p., H. 11 p.

## DU MÊME.

49. Dans un site aride et sauvage plusieurs chasseurs sont à l'affût de quelques bêtes fauves. Ce tableau fait pendant au précédent.

T. L. 14 p., H. 11 p.

## FICTOOR.

50. Dans une cour, à la porte d'une maison, un homme tient un verre de vin d'une main et de l'autre une pipe ; il est renversé sur une chaise ; devant lui est un petit mendiant qui paraît lui demander l'aumône, et après lequel un chien aboie. Ils sont regardés par un enfant à l'air malin, tandis qu'une femme appuyée sur la porte, tenant un sac à la main, fait signe au pauvre d'approcher pour recevoir quelques pièces de monnaie. Ce tableau admirable par l'entente et la magie de son clair obscur, le rend infiniment précieux ; il fut pendant trente ans dans la collection de feu M. Dutillet, de Rennes.

T. H. 14 p. 6 l., L. 11 p. 6 l.

## MIÈRIS (FRANÇOIS).

51. Dans l'intérieur d'un appartement, un chirurgien aidé de son disciple, fait l'opération d'un cors à un homme étendu sur une chaise. La douleur qu'il éprouve lui fait jeter un cri qui effraie une vieille femme et une jeune fille qui est à moitié cachée derrière un rideau. Ce précieux tableau est au dessus de tout éloge ; nous laissons le soin de le juger aux connaisseurs et admirateurs du beau talent de Mièris ; il vient du même cabinet que le précédent.

B. H. 18 p., L. 14 p.

## GÉRÉE.

52. Paysage dans lequel on voit : au milieu, un moulin à eau ; à droite sur une pelouse, un berger gar-

dant ses moutons; sur le devant, deux hommes occupés de la pêche à la ligne.

T. L. 14 p., H. 11 p. 6 l.

### BERETTA.

53. Vue des environs de la Haye; des patineurs s'exercent sur un canal glacé. La finesse de ce tableau rappelle ceux de Vaderheyden.

B. L. 17 p., H. 12 p.

### DE LARIVIÈRE.

54. Vue de l'embouchure de la Seine, près Honfleurs. Un bateau à vapeur fait route vers le Hâvre. Ce tableau a été exposé au musée de 1831.

T. L. 24 p., H. 16 p.

### BOURDON (Sébastien).

55. Paysage historique représentant une vue des environs d'Athènes. Ce charmant petit tableau est d'autant plus rare que Bourdon en a fait très-peu de cette dimension.

C. L. 9 p. 1|2, H. 7 p.

### ECHARD.

56. Pêcheurs causant sur le bord du rivage.

B. H. 9 p., L. 8 p.

### PAUL.

57. Marine. Vue d'une rive de la côte de Normandie, par un gros temps. Ce tableau était à la dernière exposition.

T. L. 18 p., H. 14 p.

## BUDELOT et DEMAY.

58. Paysage. Vue des environs de Lyon, près la Saône; on voit dans le lointain la montagne du Mont-d'Or. Demay a enrichi ce joli paysage de petites figures spirituellement touchées.

T. L. 12 p., H. 9 p.

## DES MÊMES.

59. A l'entrée d'un bois, un cavalier demande le chemin à une femme chargée d'une hotte : divers animaux sont auprès d'elle.

T. L. 12 p., H. 9. p.

## M. TESTÉ.

60. Les chasseurs à la mouette. Dans un canot plusieurs jeunes gens se livrent au plaisir de la chasse.

T. L. 8 p., H. 6 p. 6 l.

## VANLOO (César).

61. Clair de lune. Ce petit tableau est plein de vérité et d'un effet piquant.

T. L. 11 p., H. 8 p.

## SVVEBACK.

62. Chasseurs poursuivant un cerf qui traverse une rivière. Tableau du bon temps de ce maître.

T. L. 11 p., H. 6 p. 6 l.

## M. GERARD.

63. Vue du château de Pau en Béarn. L'artiste a choisi le point de vue le plus pittoresque et le plus.

agréable; l'exécution répond parfaitement au site qui est charmant.

T. L. 16 p., H. 11 p.

## LECOEUR.

64. Jeune Ecossaise écrivant sur ses tablettes, au milieu de la campagne.

T. H. 12 p., L. 8 p.

## BOURGEOIS.

65. Jeune homme assis, dessinant des rochers et une cascade.

T. L. 12 p., H. 10 p.

## STENWICK.

66. Vue d'un intérieur de temple. Une femme à droite du tableau, allaite son enfant; plusieurs personnages visitent le monument. Ce tableau est recommandable par sa finesse et sa pureté.

B. H. 9 p., L. 7 p. 6 l.

## DAGNAN.

67. Vue de l'entrée d'un bois. Esquisse d'une belle couleur.

T. L. 14 p., H. 11 p.

## JÉRICO.

68. Le maréchal ferrant. Un hussard fais ferrer son cheval. Esquisse.

T. L. 14 p., H. 11 p.

## GARROFALO.

**69.** La Vierge à son prie-dieu. Ce charmant échantillon de ce grand maître, mérite de fixer les regards des curieux.

B. H. 7 p., L. 5 p.

## VÉRONÈSE (Paul).

**70.** Portrait vu de profil de Marino Falliero, doge de Venise.

B. H. 6 p., L. 5 p.

## SERVANDONI.

**71.** Entrée d'une ville antique. L'architecture et les figures sont d'un grand goût.

T. H. 30 p., L. 23 p.

## DU MÊME.

**72.** Le pendant du précédent.

T. H. 30 p., L. 23 p.

## VALIN (d'après).

**73.** Vénus et l'Amour.

B. L. 9 p., H. 8 p.

## DEMARNE (d'après).

**74.** Clorinde et les Bergers.

Colé sur bois. — T. L. 13 p., H. 9 p. 6 l.

## PERROT.

**75.** Marine. Vue des côtes de Bretagne.

T. L. 14 p., H. 11 p.

## MALBRANCHE.

76. Vue de l'entrée d'une vieille ville. Divers groupes de figures rendent ce charmant tableau tout-à-fait intéressant.
T. L. 12 p., H. 9 p.

## DAGUERRE.

77. Croquis à l'huile du décors du diable.
T. L. 11 p., H. 8 p.

## DUBOIS.

78. Paysage. A l'entrée d'un bois, deux hommes causent ensemble. Tableau tout-à-fait dans la manière de Ruysdael.
B. L. 9 p., H. 8 p. 6 l.

## KOBEL.

79. Étude d'animaux dans un paysage.
T. L. 11 p., H. 8 p.

## SABLÉE.

80. Vue d'une habitation de l'Ile-de-France.
B. L. 21 p., H. 16 p.

## VERNIER.

81. Un saladier plein de bigarreaux.
T. L. 15 p., H. 11 l.

## REMBRANDT (d'après).

82. Tête de vieillard vue de trois quarts.
B. H. 7 p., L. 6 p.

## DU MÊME.

83. Tête de vieillard à barbe blanche, vue de profil.

B. H. 7 p., L. 6 p.

## CARRÉ (Michel).

84. Sainte Magdeleine dans le désert. A gauche du tableau, la sainte, en prière, paraît en contemplation devant deux Chérubins qui lui apparaissent. Une rivière, au milieu du tableau, conduit l'œil dans un lointain borné par une chaîne de montagnes.

T. L. 29 p., H. 23 p.

## MAUZAISSE.

85. La Seine au tombeau du général Foix. C'est l'esquisse du tableau commandé par le roi, pour la chambre des députés.

T. L. 23 p., H. 19 p.

## GRANET.

86. Dans une grotte obscure, un brigand cherche à enterrer le corps d'une victime.

T. H. 11 p. 6 l., L. 8 p. 6 l.

## M. GERARD.

87. Vue de la Fosse, prise de l'allée Durand, au soleil couchant. On ne peut pas voir un portrait plus vrai, un soleil couchant mieux rendu. M. Gérard s'est surpassé dans ce charmant tableau dont la perspective est rendu d'une belle manière.

T. L.     H.

## DU MÊME.

88. Vue du château de Pierre-Fond, prise d'une rue du village. Ce tableau mérite l'attention des amateurs, sous le rapport du faire, de la couleur, de l'exécution et surtout du vrai.
T. L.    H.

## DU MÊME.

89. La Laitière et le pot au lait ; charmant paysage plein de naïveté.
T.

## DU MÊME.

90. Vue de Paimbœuf ; effet de brouillard.
T.

## DU MÊME.

91. Vue de la maison Valentin à Clisson. Ce beau tableau, d'une grande vérité de couleur et d'un dessin correct, est une des belles productions du maître.
T. L. 27 p., H. 22 p.

## DU MÊME.

92. Vue de l'abbaye de Graville, près le Hâvre-de-Grâce. Ce tableau, long-temps exposé au musée, a été jugé sous les rapports les plus favorables par les connaisseurs du beau.
T. L. 32 p., H. 25 p.

## DU MÊME.

93. Vue de la forêt d'Oudon, prise du haut de la côte.

T. L.

## DU MÊME.

94. Vue du château de Clisson.

T. L.

## DU MÊME.

95. Marine, d'après Gudin.

T. L. 15 p., H. 12 p.

## DU MÊME.

96. Vue du couvent de la Trappe, près de Laval; effet d'orage. Des moines indiquent le couvent à une mendiante portant un enfant sur son dos, et qui en tient un autre par la main.

T. L. 14 p., H. 10 p.

## DU MÊME.

97. Vue prise de la vallée Montmorency, près Paris. Une voiture de blanchisseuse se rend à Paris; en avant, une laitière montée sur son âne, converse avec une femme qui tient un enfant.

T. L. 15 p., H. 12 p.

## DU MÊME.

98. Vue d'une partie du port du Hâvre-de-Grâce; effet de tempête.

T. L. 12 p., H. 10 p.

## DU MÊME.

99. Vue d'une petite ferme, près Grillot. Un homme et une femme sont occupés à battre le grain.

T. L. 13 p., H. 10 p.

## DU MÊME.

100. Vue de la Basse-Indre.

T. L.

## DU MÊME.

101. Sous ce numéro, six jolis petits tableaux représentant les heures du jours et différents points de vue pittoresques.

B. L. 6 p., H. 5 p.

## DU MÊME.

102. Une petite rivière près Senlis (Oise). Une femme lave du linge; diverses figures animent ce charmant point de vue.

T. L. 13 p., H. 10 p.

## DU MÊME.

103. Vue près de Grillot; une femme file en gardant des vaches.

T. L. 12 p., H. 9 p.

## DU MÊME.

104. Un troupeau de mouton chemine sur le se-

cond plan d'une vue pittoresque, prise à Sceaux-les Châteaux.

T. L. 12 p., H. 10 p.

## TAUNAY.

105. Deux personnes semblent prendre plaisir à voir un groupe de pêcheurs, hommes, femmes et enfants, qui sont occupés à prendre leur repas sur la grêve, auprès de leur bateau.

T. L. 12. p., H. 10 p.

## LEPRINCE (X$^{er}$).

106. Petite esquisse.

T. L. 6 p., H. 5 p.

## DROLINGUE.

107. Portrait d'un petit ramoneur.

T. H. 27 p., L. 23 p.

## RUYSDAEL (Salomon).

108. Ruines sur les bords d'une rivière dans laquelle une femme lave du linge.

B. H. 13 p., L. 8 p. 6 l.

## DU MÊME.

109. Des paysans dans un canot.

B. L. 6 p., H. 5 p.

## GREUZE (attribué a)

110. Une jeune fille étudiant dans un livre. La couleur, la grâce et l'abandon qui règnent dans ce tableau,

ne laissent aucun doute que ce ne soit une des premières productions de Greuze.

F. O. — T. H. 16 p., L. 13 p.

## DU MÊME.

**111.** Le pendant du précédent. Une jeune fille pleure un serin que la mort vient de lui enlever.

F. O. — T. H. 16 p., L. 13 p.

## MOLA (François).

**112.** Deux paysages d'un grand style, représentant des environs de Naples. Les figures qui ornent les premiers plans sont touchés à la manière du Poussin.

T. L. 34 p., H. 28 p.

## PETIT.

**113.** Paysage orné de très-jolies figures.

T. H. 11 p., L. 11 p.

## DESHAYE.

**114.** La Vierge, l'enfant Jésus et saint Jean.

T. L. 28 p., H. 20 p.

## LAGRENÉE AINÉ.

**115.** Titon et l'Aurore. Titon cherche à retenir l'Aurore au moment où elle monte dans son char. Le dessin et le coloris de ce tableau sont admirables; il fut commandé à l'auteur pour une maison royale.

T. L. 60 p., H. 44 p.

## BERGONS.

**116.** La prudence, tableau allégorique d'une belle touche et d'un dessin correct.

T. H. 44 p., L. 36 p.

## BREDAEL (LE CHEVALIER).

**117.** Très-joli tableau de ce charmant peintre, représentant un combat de cavalerie. Les figures et les chevaux sont touchés à la manière de Vouwermans.

T. L. 15 p., H. 11 p.

## PATEL.

**118.** Deux tableaux représentant des paysages avec ruines et architecture.

T. L. 25 p., H. 18 p.

## BELLE (SIMON).

**119.** Notre Seigneur écrivant; tableau rempli de sentiment.

T. L. 30 p., H. 23 p.

## BOUCHER (LOUIS).

**120.** Junon caressant un paon. On trouve dans ce tableau l'agrément qui caractérise le pinceau de Boucher.

T. L. 33 p., H. 26 p.

## M. TESTÉ.

**121.** Vue d'une cascade des Pyrénées; à droite un pâtre garde des chèvres et des moutons. Ce tableau, d'une bonne vigueur, dénote un beau talent et un beau nom à venir dans la peinture.

T. L. 30 p., H. 24 p.

## TENIER. ( GENRE DE DAVID. )

122. le Gazettier hollandais. Composition de cinq figures sur le premier plan, et un groupe de buveurs dans le fond.

B. L. 12 p., H. 9 p.

## DU MÊME.

123. Tabagie hollandaise. Divers buveurs et fumeurs se livrent à la joie bruyante qu'inspire le jus du houblon.

B. H. 13 p., L. 11 p.

## DU BUFF.

124. Très-belle tête d'étude.

125. Sous ce numéro seront vendus nombre de bons tableaux qui n'ont pu être catalogués.

## CURIOSITÉS.

126. Un groupe de biscuit de la manufacture de Sèvre, représentant la mort de sainte Magdeleine dans les bras d'un ange, d'après Canova. Ce précieux morceau fut donné en cadeau par une princesse bien recommandable par sa bonté, et par le goût qu'elle avait pour les beaux arts, à feu M$^{gr}$ l'évêque de Rennes.

127. Un superbe Christ en ivoire, haut. de 13 pouces, monté sur une croix noire.

128. Deux Renommées en bronze florentin, hautes de 16 pouces.

129. Buste d'un Consul romain, monté sur un pied en marbre, haut de 13 pouces.

130. Deux Vases en bronze, dit Médicis, parfaitement sciselés et montés sur des socles en marbre jaune antique, hauts de 14 pouces.

131. Belle Pendule en bronze, représentant Napoléon drapé à l'antique, la couronne des Césars sur la tête, le bras gauche appuyé sur un socle surmonté d'une couronne et d'une palme. Dans la main gauche il tient un décret, dans la droite son épée la pointe à terre. Le piédestal qui supporte cette figure qui a 22 p. de hauteur, est garni de bas-reliefs représentant les arts, le commerce et l'abondance. Nous laissons le soin aux connaisseurs d'apprécier le travail et le fini de cette belle et unique pièce, haute de 32 pouces sur 19 pouces de largeur.

132. Une Pendule en albâtre d'une parfaite qualité.

133. Une autre Pendule en bois doré et à mécanique.

134. Sous ce numéro seront vendus des Gravures et divers objets de curiosité.

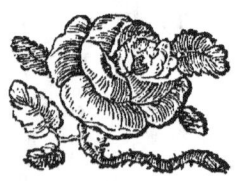

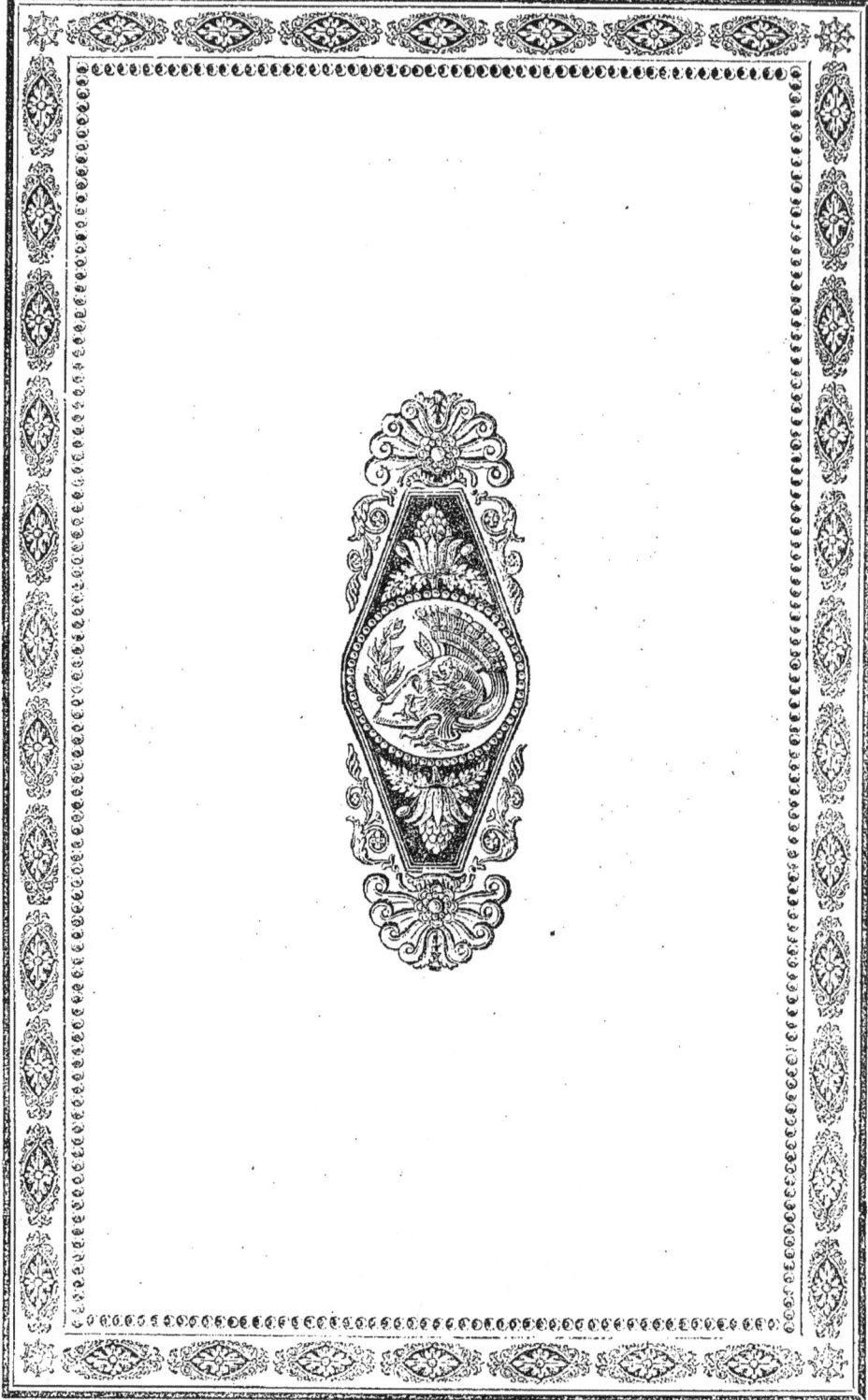

www.ingramcontent.com/pod-product-compliance
Lightning Source LLC
Chambersburg PA
CBHW030104230526
45471CB00003B/1245